test pattern

Plate 2

test pattern

test pattern

Plate 3

Plate 4

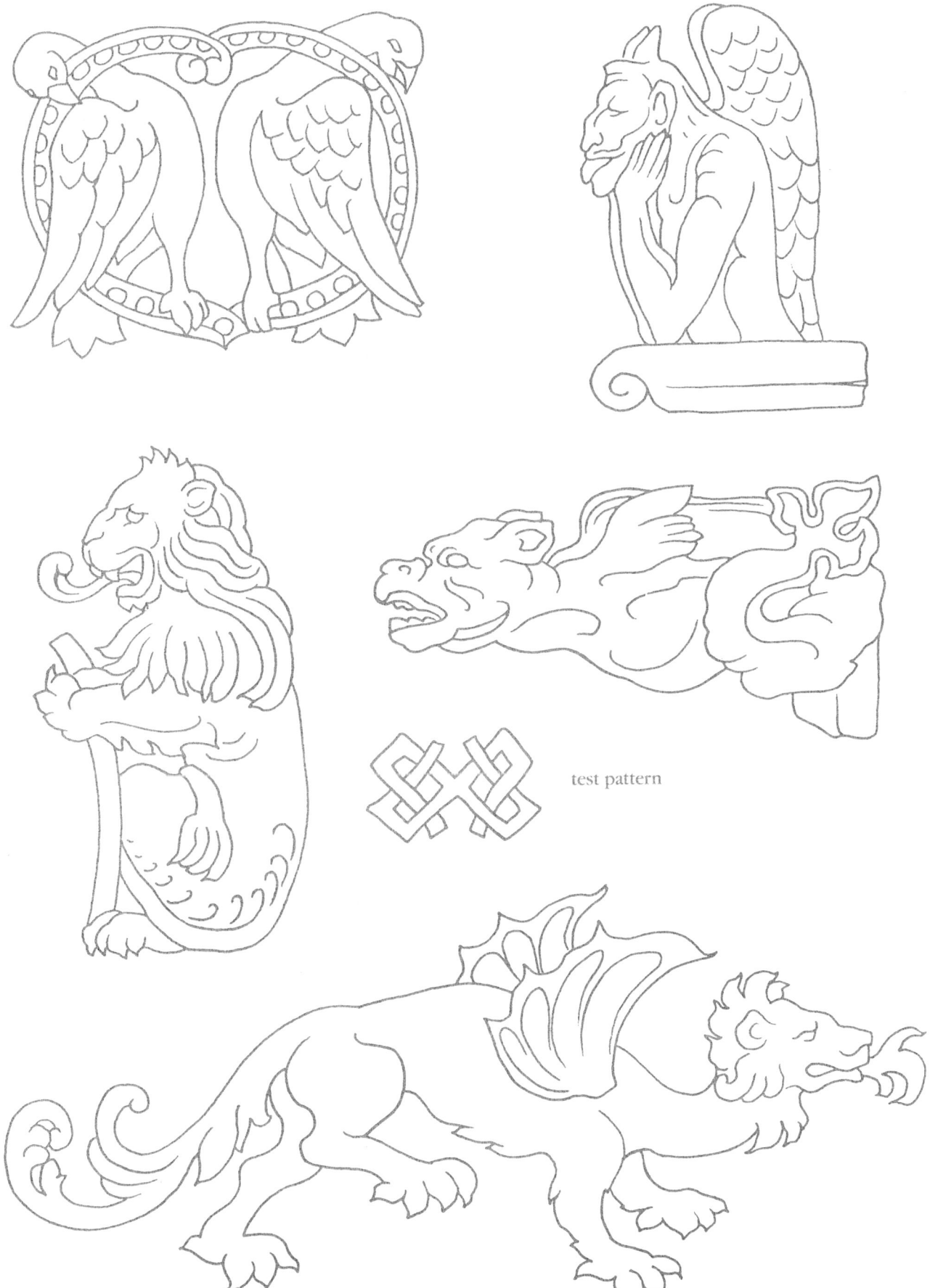

Plate 6

Plate 7

Plate 8

test pattern

Plate 10

test pattern

Plate 11

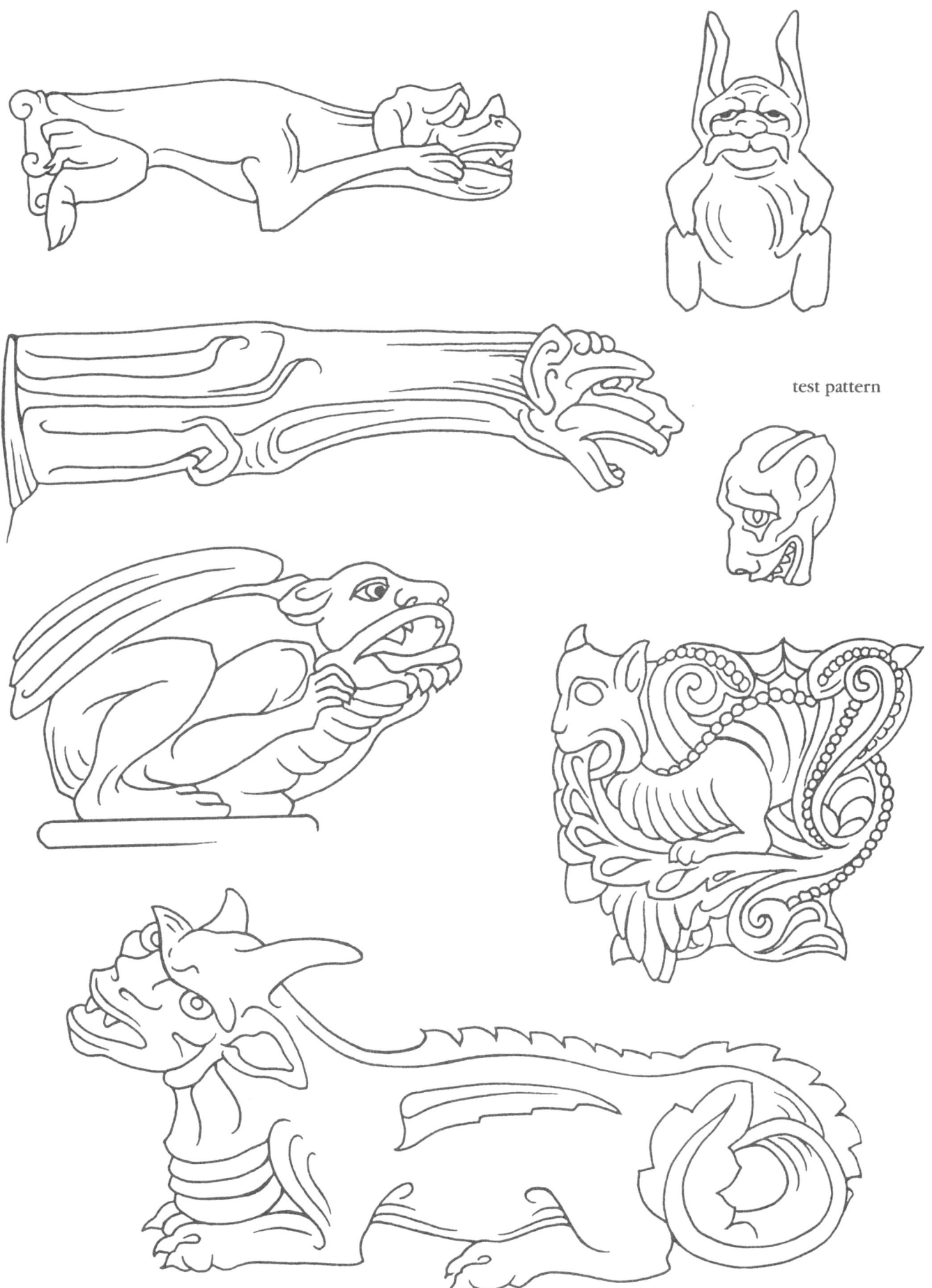

test pattern

Plate 12

test pattern

Plate 13

test pattern

Plate 14

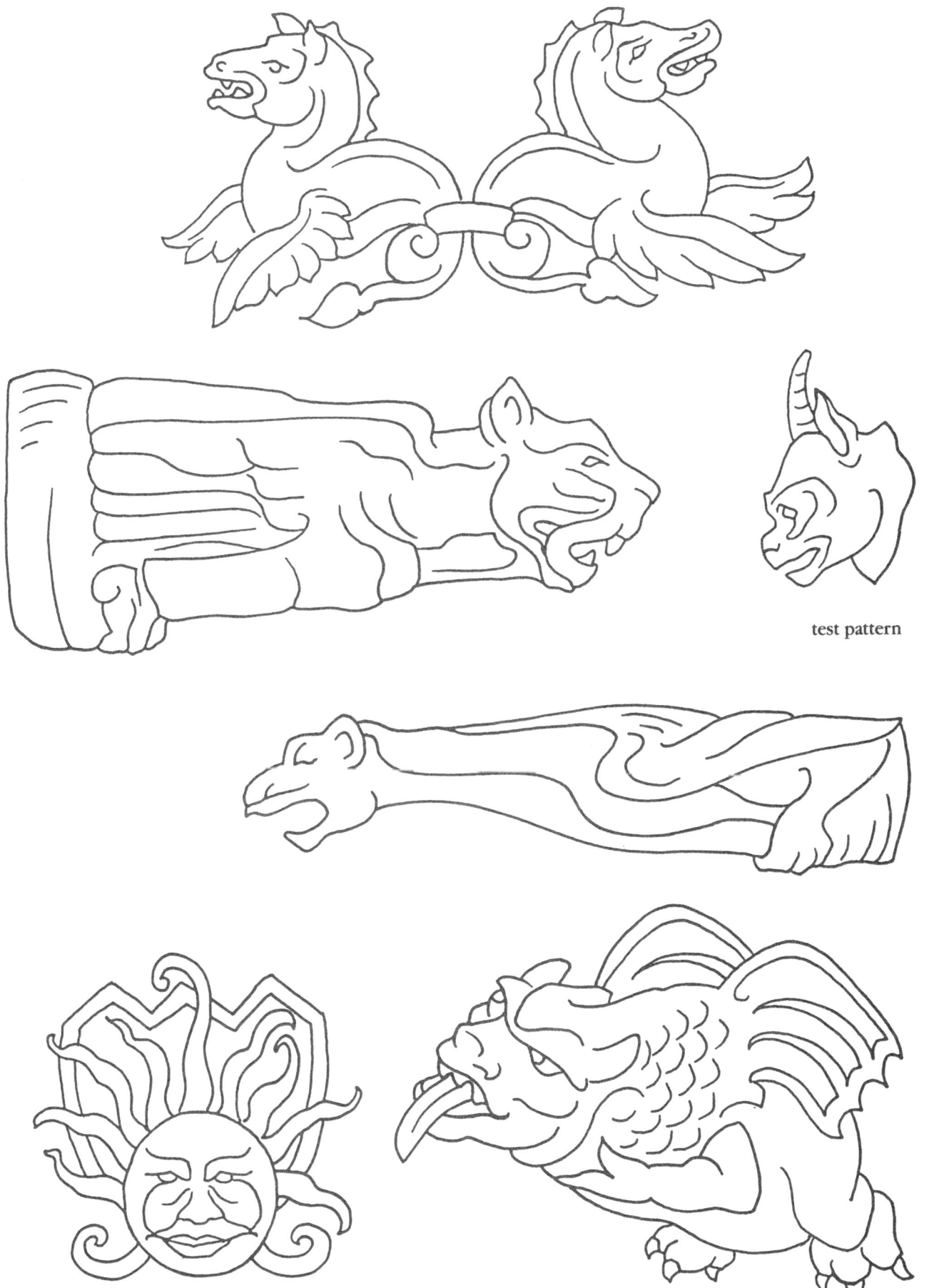

test pattern

Plate 15

test pattern

Plate 16

test pattern

Plate 17

test pattern

test pattern

Plate 20

test pattern

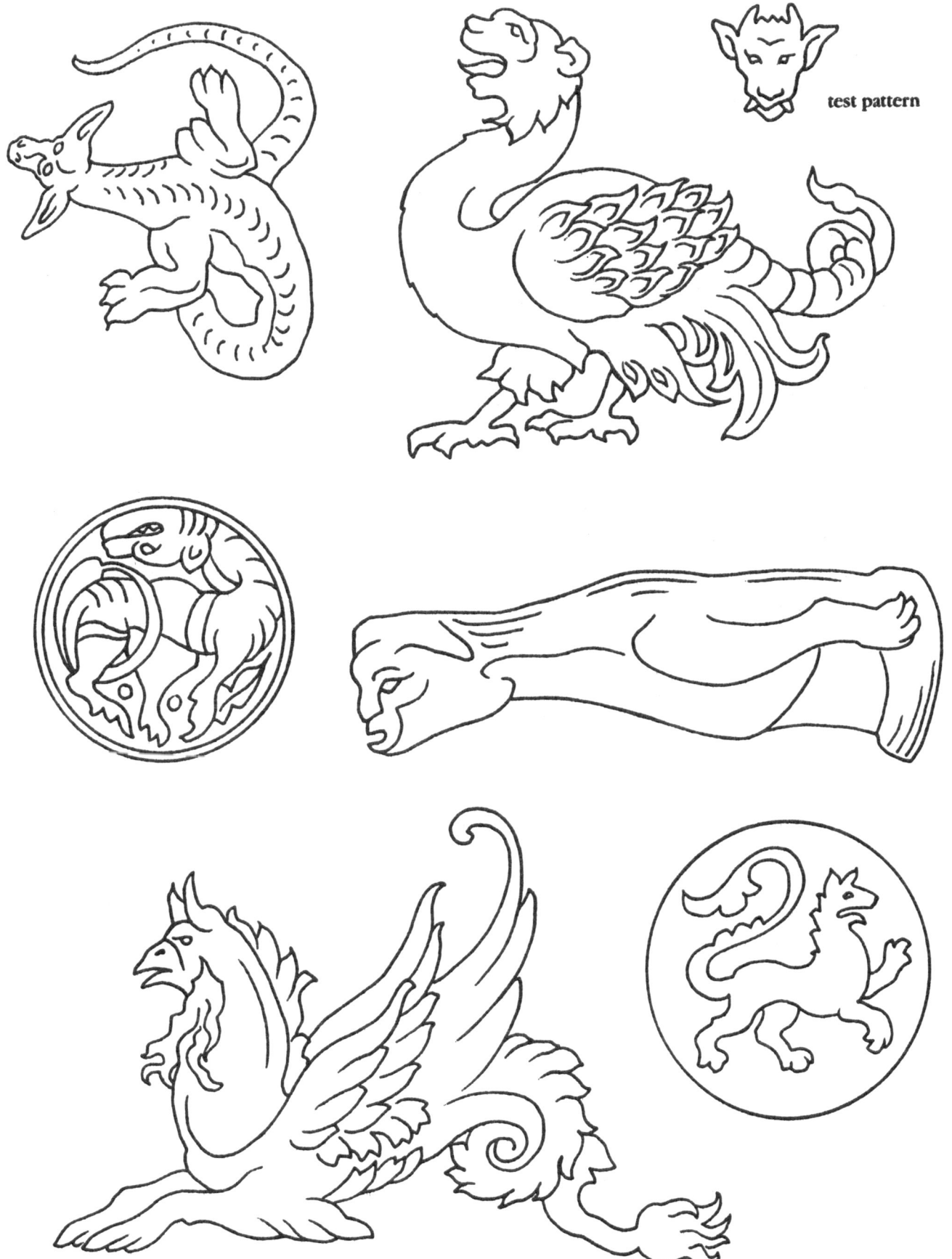

Plate 21

test pattern

Plate 22

test pattern

Plate 23

test pattern

Plate 24